Liz René

25%

Editorial
RENUEVO

LA
CANASTA
DEL
PESCADOR

HÁBITOS Y HABILIDADES FUNDAMENTALES PARA ALCANZAR
LA EXCELENCIA COMO PROFESIONAL EN REDES DE MERCADEO.

GUSTAVO ABELLO

La Canasta Del Pescador
por Gustavo Abello Gómez

Copyright © 2015 Editorial RENUEVO
Derechos reservados

ISBN: 978-1-937094-93-5

Publicado por
Editorial RENUEVO

www.EditorialRenuevo.com
info@EditorialRenuevo.com

CONTENIDO

La Canasta del Pescador

Hábitos y Habilidades para alcanzar la excelencia como Profesional en Redes de Mercadeo.

Gustavo Abello Gómez

VISITA NUESTRO SITIO WEB

Te recomendamos visitar nuestro sitio web:

www.lacanastadelpescador.com

y consultar los comentarios del autor en los diferentes capítulos del libro. Con el paso del tiempo se irán enriqueciendo el contenido de las páginas con comentarios de los lectores y anotaciones del autor.

Adicionalmente puedes buscarnos en Facebook utilizando el siguiente vínculo:

http://facebook.com/lacanastadelpescador

Dedicación

Este libro está dedicado a mis amigos Mario Sosa, Marleny Sosa y Daniel León, quienes pacientemente cultivaron en mi una nueva visión del futuro.

Este libro está dedicado a todos ustedes los valientes Profesionales en Redes de Mercadeo que se pintan la cara de color esperanza y tientan al futuro con el corazón. A ustedes que trabajan, sufren, esperan, sueñan, admiran, aprenden, motivan y persisten en su negocio, les dedico este libro.

Introducción

El mas idealista de los sueños se hace realidad, cuando el espíritu aplaude a la razón y la pasión busca ayuda en la educación.

Este libro está dirigido a todas las personas que se han unido a alguna empresa que promueve sus productos a través de Redes de Mercadeo o Network Marketing como se le conoce en inglés.

El objetivo de su lectura es inspirar al lector a recorrer el camino hasta la cima del éxito, con pasión y entusiasmo, aumentando su sabiduría y fortaleciendo su poder interior.

En La Canasta del Pescador creemos en el balance entre actitud y conocimiento. Fortalecer ambos aspectos a la vez, es clave para la construcción de un carácter triunfador en el negocio de las Redes de Mercadeo.

En el libro NO explicamos los principios básicos y beneficios del mercadeo en redes. Asumimos que usted ha leído al respecto antes de ingresar al negocio. Asumimos que usted tiene claro que este tipo de negocios le brinda la oportunidad de disfrutar de un flujo de ingresos estable y creciente, con buena calidad de vida.

Acerca de los Profesionales en Redes de Mercadeo

Llamaremos Profesionales en Redes de Mercadeo a cada uno de ustedes quienes están trabajando en construir una red de personas cuya misión es mercadear los productos de la empresa que han elegido.

Los Profesionales en Redes de Mercadeo son expertos en construir negocios donde cada miembro de la red es un empresario con la misión de expandir su propia red a través de nuevos empresarios.

Personalmente estoy en contra del negocio de las pirámides, que tanto perjuicio ha causado. En este libro me refiero a empresas debidamente constituidas, ajustadas a la ley, con un código de ética sólido y un respeto por sus asociados sin duda alguna.

También estoy en contra de las prácticas engañosas para atraer personas a esta profesión con el objeto de explotarlos en los primeros meses que son débiles y que no conocen el negocio en detalle.

En este libro se motiva a los lectores a tomar en serio su profesión, a construir su negocio paso a paso con persistencia y calidad. Creo en que la mejor forma de triunfar en la profesión es manteniendo una permanente búsqueda de la excelencia, de ser el mejor en los principios básicos que garantizan el éxito.

En los principios enseñados en La Canasta del Pescador, se reconoce el coraje que se requiere aventurarse a construir empresa, a vivir de los resultados, a renunciar a la seguridad del salario. En este libro se aprecia el afán de los Profesionales en Redes de Mercadeo en crecer como seres humanos, en entusiasmar a otros a crecer también y en el valor de salir a construir sus sueños cada día de sus vidas.

A los Líderes de las Líneas de Auspicio se les ofrece un modelo educativo combinado entre mente y espíritu, donde los lectores desarrollaran el equilibrio necesario para prosperar y disfrutar el camino.

Las secciones del libro

El capítulo 1 es una historia que explica el fundamento filosófico sobre el cual se estructura el libro. La Parte I está compuesta por los capítulos 2, 3 y 4 donde se construyen los hábitos necesarios para desarrollar la actitud correcta para el negocio. La Parte II está compuesta de los capítulos 5 al 7 en la cual se enseñan las Habilidades necesarias para combinar la pasión con la educación.

Acerca de Dios

Creo en la existencia de Dios y utilizo el término en algunos pasajes del libro. Respeto el derecho que cada persona tiene de elegir la forma como se acerca a Dios. Respeto también aquellos que no creen en la existencia de Dios. Si en algún momento los comentarios realizados en el libro en relación a Dios contradicen sus creencias religiosas, tan solo tome lo que es suyo e ignore mis comentarios al respecto.

La nueva economía

Con la crisis de los empleos (o el desempleo) y la inflación galopante (o disminución del poder adquisitivo), la población girará hacia crear y mantener sus propios negocios. El Profesional en Redes de Mercadeo pertenece a la profesión del futuro. Una profesión donde el empleo no existe; se gana de acuerdo a los resultados producidos y se gana bien. En esta profesión del futuro la disciplina proviene del entusiasmo y el compromiso.

La economía del futuro estará conformada por grandes mayorías dedicadas al intercambio de servicios, al riesgo, a la innovación, al mejoramiento personal. La generación de jóvenes menores de 25 años de la actualidad, es la más próspera, innovadora y arriesgada de la historia. El cambio de la sociedad ya empezó.

Cuando nos referimos al Profesional en Redes de Mercadeo, nos referimos a una profesión distinta, nueva, futurista, pujante, que lidera el cambio hacia un nuevo modelo social.

Invitación

Por último te invito a entrar a este negocio pensando en grande, dispuesto a ser el mejor, a alcanzar la excelencia, a construir tu negocio ladrillo a ladrillo, siempre buscando mejorar, buscando simplificar, buscando transformar las vidas de tus asociados para bien, disfrutando el camino y siendo feliz en tu nueva profesión.

CAPÍTULO 1

∽

LA HISTORIA DEL PESCADOR

Cuando el alumno quiere aprender, cualquier ser humano a su alrededor puede ser su sabio maestro.

El capitán del barco estaba supervisando el cargamento que habría de transportar en su próximo viaje, cuando le llamó la atención un pescador que se encontraba en el muelle. Le llamó la atención que ese pescador se comportaba de una forma que a su parecer no era sensata.

El pescador tenía su caña correctamente acondicionada, el manejo de sus utensilios era adecuado, era evidente que conocía su oficio. Lo que le llamaba la atención al Capitán era que el pescador al momento de sacar del agua un pescado grande lo observaba con cuidado y lo regresaba al agua; y cuando sacaba un pescado pequeño se alegraba y lo guardaba en la canasta.

La curiosidad del capitán era tal, que pidió a su tripulación un pequeño descanso y se dirigió al sitio donde se encontraba el pescador.

Al llegar, se presentó con gran amabilidad, a la cual el pescador respondió con respeto y admiración.

El capitán se dirige al pescador diciéndole: «Admiro su paciencia y el buen uso que da a sus utensilios. Parecería usted ser una persona con experiencia en el oficio de la pesca.»

El pescador le responde: «Sí, señor, es usted un buen observador. Por 25 años he venido a este sitio a pescar.

Conozco muy bien este sitio y soy un buen pescador. Al menos eso dice mi familia.»

Sonriendo, el capitán le pregunta: «Tal vez suene un poco atrevido, pero la curiosidad es más fuerte que mi prudencia. Y necesito hacerle una pregunta a la cual le pediría que me respondiera con honestidad, teniendo en cuenta que esta tal vez sea la última vez que nos veremos.»

Inquieto, el pescador se puso de pie y le interpeló: «Usted ha sido amable conmigo, pero después de 25 años viniendo a este sitio es primera vez que alguien nota algo extraño en mi comportamiento. ¿Qué le llama la atención? Le responderé con toda honestidad.»

El capitán se asombró de que nadie lo hubiera notado antes. Aún así decidió preguntar: «¿Porqué usted al sacar del agua los pescados grandes los tira de vuelta y al sacar los pescados pequeños los guarda en su canasta?»

El pescador soltó una estruendosa carcajada y miró con gracia al capitán mientras le respondía: «Me asombra que siendo usted un hombre del mar no conozca la respuesta, sin embargo le explicaré. Verá usted que los pescados grandes no caben en mi canasta. Se caerían en el camino a casa que es largo y escarpado. Los pescados pequeños son perfectos para mí porque me permiten llevarlos con comodidad y seguridad a mi hogar.»

El capitán observó detenidamente la canasta. Efectivamente era una canasta bien elaborada y su tamaño era adecuado para peces pequeños. Estaba claro que esa canasta había sido construida de acuerdo a las necesidades físicas del pescador. Rascando su cabeza, el capitán le miró a los ojos agradeciéndole: «Eso lo explica todo. Gracias por su amable respuesta. ¿Le importaría responderme una última pregunta?»

«No, señor, adelante; pregunte lo que desee pero apresúrese porque sus marinos le observan con desdén», respondió el pescador.

«¿Usted pesca por placer o por necesidad?» preguntó el capitán.

«Pesco por necesidad. Tengo una familia y cada día vengo aquí para llevar la comida que todos necesitamos. Algunas veces viene mi hijo mayor a quien he enseñado el oficio. Su canasta es un poco más grande porque él es más alto que yo.», respondió el pescador con seguridad y confianza.

El capitán admiró el orgullo con el cual ese pescador se expresaba. Y miró a su barco con preocupación por primera vez. Reflexionó si él también estaría dejando cargamento y clientes en tierra porque su barco era pequeño. Se preguntaba si tal vez le estaría pasando lo mismo que al pescador, que había adecuado el tamaño de su canasta a sus necesidades básicas.

El capitán se despidió del pescador diciéndole: «Pasará algún tiempo antes de volverle a ver, mas sin embargo cuando ese día llegue, le prometo dos cosas. La primera es que tendré varios barcos para esa oportunidad y vendré como pasajero de uno de ellos. La segunda es que le traeré un libro que explica una técnica moderna para mover grandes cantidades de pescados. Técnica que se usa con éxito en una comarca cercana. Tal vez estas enseñanzas le permitan llevar a casa pescados grandes.»

El pescador respondió con una venia de respeto y se despidió con gratitud: «Me alegraría volverle a ver. Ya sabe usted donde encontrarme, aquí estaré con seguridad. Espero que venga con menos premura y pueda enseñarme su nuevo barco. En relación al libro no se ofenda, pero no creo en esas cosas. Ya he vivido lo suficiente para saber que nada funciona tan bien como una buena canasta.»

Así los dos nuevos amigos se despidieron con la esperanza de volverse a ver algún día en el futuro.

El pescador pensaba en lo triste que debería ser esa vida de Capitán teniendo que dirigir marinos y tomando riesgos con las fuerzas de la naturaleza.

Ya en su barco, el Capitán hacía sonar la sirena mientras contemplaba al pescador a la distancia. Reflexionaba sobre las grandes enseñanzas que había aprendido en la conversación con el pescador. Ahora tenía claridad sobre sus próximas metas y de cómo iba a ampliar su flota de barcos. Tal vez mandaría a preparar una hermosa canasta con finos materiales para su nuevo amigo el pescador; él se pondría muy feliz de tenerla.

Y el barco partió con el Capitán ilusionado con sus nuevos planes y el pescador feliz de volver a casa con el sustento de su familia.

Nota del Autor:
Entra al sitio web y lee sobre las analogías entre El Pescador y los empleos actuales; entre El Capitán y los empresarios independientes.

Parte I

❧

Cuando el espíritu aplaude a la razón

LA CANASTA DEL PESCADOR

CAPÍTULO 2

❧

SUBESTIMANDO LA FUERZA DEL DOLOR

«El dolor es una fuerza poderosa, muchas veces más poderosa que el amor»

Tomado del libro Yo Positivo

El objetivo de este capítulo es advertir acerca de los riesgos emocionales que acarrea la profesión, para que se preparen adecuadamente y recorran con la fuerza necesaria el camino al éxito.

Advertencia: *Antes de continuar con este capítulo, debes leer la introducción para seguir en el contexto del libro.*

Los Profesionales en Redes de Mercadeo se enfrentan a retos emocionales que no son visibles al inicio del negocio.

Al empezar, la ilusión de crear una fuente de ingreso que garantice una excelente calidad de vida impide ver el camino que hay que recorrer. Todo luce fácil gracias a la energía que le ponen los conferencistas en los congresos, los videos motivacionales y las personas que se encuentran en la parte superior de la estructura.

Aunque hoy en día ya se enseña en algunas universidades de Norte América la profesión de Especialista en el Negocio de Mercadeo de Redes, no existe un proceso de formación adecuado antes de empezar a ejercer la profesión. En la mayoría de los casos el proceso es empírico y se fundamenta en el conocimiento que se transmite de los que auspician personas para expandir su negocio a los que han sido Auspiciados.

Este proceso empírico varía en cada empresa, dentro de la empresa en cada organización y dentro de la organización en cada Líder. Por tanto no hay una estructura clara que indique la mejor forma de ejercer esta profesión.

Abogados, contadores, médicos, masajistas, profesores, etc., cuentan con un proceso de formación profesional que toma años y mucho dinero antes de que estén listos para ejercer. Los Profesionales en Redes de Mercadeo se gradúan el mismo día que entran a la universidad; o sea el día en que firman su contrato de distribución. Esta profesión no se parece a las otras profesiones comunes en la sociedad actual.

LOS PROFESIONALES EN REDES DE MERCADEO SE GRADÚAN EL MISMO DÍA QUE ENTRAN A LA UNIVERSIDAD

Los Profesionales en Redes de Mercadeo salen a ejercer su profesión aprendiendo de los errores en el camino. Su mejor opción es seguir literalmente las instrucciones de su Línea de Auspicio quienes ya conocen el oficio y tienen experiencia.

Los Profesionales en Redes de Mercadeo construyen sus propias empresas, conviven con el ingreso fundamentado en resultados, son la fuente de su propia disciplina, actúan motivados con la claridad de sus propios sueños y se fortalecen a sí mismos gracias al tiempo invertido en autoeducación. No tienen jefe, no tienen la «seguridad» de un cheque quincenal, no tienen supervisores, no tienen horarios, no tienen seguro de empleo, no tienen días de vacaciones, no tienen evaluación anual, no tienen hojas de vida y nadie les impone la disciplina.

La estructura educativa de la sociedad actual no está diseñada para esta profesión. En las universidades se entrenan profesionales para ejercer su actividad en empresas. Los Profesionales en Redes de Mercadeo son diferentes; ellos construyen sus empresas. Y son empresas diferentes al modelo convencional. En estas empresas la materia prima para aumentar la producción es la capacidad de reclutar, motivar y entrenar a la red de distribución. En estas empresas el poder de duplicar los modelos exitosos de reclutamiento y entrenamiento es el secreto que conduce al éxito.

El sistema financiero de la sociedad actual está fundamentado en la «seguridad» de un cheque, por ende los Profesionales en Redes de Mercadeo son considerados de «alto riesgo» para otorgarles préstamos; hasta que éstos logran sus niveles de rendimiento exitosos y entonces llega el día que el sistema financiero los busca porque ahora pasan a ser potenciales inversionistas.

Por la característica misma del negocio, el día que las personas firman su contrato de distribución, quedan graduadas automáticamente como Profesionales del negocio sin estar preparadas para ello. Y se requiere tiempo y dinero para educarse en los hábitos requeridos para construir y expandir estas estructuras. Y muchos Profesionales nuevos en esta actividad se retiran mucho antes de haber aprendido lo necesario para triunfar.

Aprender sobre la marcha es la forma como muchos Profesionales de esta actividad han cosechado grandes éxitos y han amasado considerables fortunas. Sin embargo, un significativo porcentaje de personas que ingresan a esta profesión fracasan en sus primeros tres meses y cambian de actividad.

¿Porqué algunas personas están mejor equipadas para

triunfar en esta profesión y muchos se retiran antes de haber aprendido los hábitos fundamentales para triunfar en el negocio?

La fuerza del dolor

La capacidad de sobrellevar la frustración, la desilusión, el dolor del rechazo y la crítica, es lo que permite que algunas personas perduren en este negocio hasta que alcanzan la educación necesaria para triunfar. Aquellos que no pueden manejar esas emociones se retiran antes de tiempo y desperdician una oportunidad de cambiar su vida financiera y disfrutar de una mejor calidad de vida.

Voy a expandir en este punto porque considero importante comprender la fuerza que ejerce el dolor en las decisiones relacionadas con la permanencia en este negocio. Para ello voy a citar alguna de las fuentes de dolor comunes al entrar a este negocio, aunque no son todas.

El dolor del rechazo

Es una práctica común que al firmar el contrato de distribución, los Líderes en la Línea de Auspicio pidan una lista de amigos y familiares para comenzar a construir el negocio con ellos. La naturaleza misma de esta práctica trae consigo la exposición a un dolor que podría ser tan fuerte que haga renunciar a las personas antes de tiempo.

La mayoría de los buenos amigos y familiares no van a entrar en el negocio. Van a decir que no. Y en muchos casos ese NO es doloroso porque es considerado como una traición, como falta de sensibilidad, falta de confianza, falta de apoyo. La expectativa de que las personas que te quieren son quienes te van a apoyar en la construcción de tus sueños, acrecienta el umbral del dolor haciendo intenso este rechazo. Entre más grande la expectativa, más grande el dolor.

La realidad es que el éxito en esta profesión se construye sobre la habilidad de contactar, reclutar y motivar personas que no has visto antes en tu vida. A su vez una de las bellezas de esta profesión es el gran círculo de nuevos amigos que se construye a través del tiempo. Así que la expectativa generada sobre la base de que amigos y familiares entrarán en el negocio, es una fuente de dolor que aleja a muchas personas de esta profesión.

> LA EXPECTATIVA GENERADA SOBRE LA BASE DE QUE AMIGOS Y FAMILIARES ENTRARÁN EN EL NEGOCIO, ES UNA FUENTE DE DOLOR QUE ALEJA A MUCHAS PERSONAS DE ESTA PROFESIÓN.

El dolor de la crítica

Hay tres fuentes de críticas en esta profesión y son de diferente raíz.

En el primer caso la sociedad, los amigos y algunos familiares critican a los que se dedican a esta actividad haciéndoles ver que han firmado en un trabajo donde no se ve el dinero y solo se benefician los que ya están en el sistema. Recordemos que nuestra sociedad actual solo ve con buenos ojos el modelo conocido; el empleo, el ingreso 'seguro', el escalar posiciones y trabajar 40 horas a la semana.

Adicionalmente muchos nuevos Profesionales del mercadeo

de redes trabajan tiempo parcial en su nueva profesión y por ende dan la impresión de que en su otro trabajo paralelo les estuviera yendo mal y en su desesperación se dedicaron a esto de las redes. Y se tejen miles de historias fantásticas revestidas de crítica que duelen y desmotivan.

La segunda fuente de crítica proviene de la Línea de Auspicio. Existe la creencia que criticando a las personas, éstas se van a motivar a corregir sus errores y tomar acción para salir adelante. Esta crítica que se entiende como educativa produce el efecto contrario. La crítica a una persona que apenas está empezando y en proceso de formación solo consigue implantar un sentimiento de inseguridad, de fracaso. Ese sentimiento es doloroso y por ende aleja a las personas del negocio.

La tercera fuente de crítica viene de los Auspiciados, aquellos que alojan una gran expectativa acerca de tu desempeño. Con el paso de los días y en la medida que sus expectativas no se cumplan (sea por justa razón o no) empezarán a buscar culpables de sus sinsabores siendo su Línea de Auspicio el primer blanco a señalar. Y ese día serás criticado una vez más.

El dolor de la frustración

Los que inician su profesión con entusiasmo salen a trabajar con dedicación y a aprender en el camino las técnicas para triunfar. La escuela tradicional enseña que hay que seguir el molde de los que ya han tenido éxito. En las convenciones los exitosos acostumbran a pasar el mensaje de que si ellos pudieron cualquiera puede hacerlo.

Y este mensaje que viene con toda la mejor intención del mundo, trae consigo un efecto secundario casi invisible. Si después de trabajar por un determinado tiempo aún no has podido llegar donde ya otros exitosos habían llegado, entonces es posible que los nuevos Profesionales deduzcan que tal vez ellos no son tan buenos para el negocio. Las comparaciones son odiosas y esta de comparar a los exitosos con los nuevos podría generar un sentimiento de frustración que es doloroso y aleja a las personas del negocio.

El dolor de la desilusión

Los Profesionales en el negocio de mercadeo de redes realizan una inversión mezclada en tres componentes: dinero, tiempo y autoestima.

Con la ilusión de alcanzar la libertad financiera, se invierte dinero en capacitación, compra de productos, viajes, materiales promocionales y convenciones. Esta inversión varía dependiendo de cada industria y de cada persona. Esta inversión es requerida en el negocio y usualmente es menor que la inversión en cualquier otro tipo de negocio. Lo que genera la polémica es la expectativa del retorno sobre la inversión; se espera que la inversión produzca rendimientos inmediatos y por ende una desilusión. El negocio de mercadeo de redes no es un empleo tradicional; no pagan por el tiempo trabajado sino por los resultados que se producen. No se puede esperar que la remuneración se parezca a la de un empleo regular.

Sumado a la inversión en dinero viene la inversión en tiempo. Horas en entrenamiento, visitas, viajes, convenciones, reuniones de preparación, presentación de planes, lectura de libros, audios y videos. Estas horas son a costa del otro trabajo que es el que produce dinero en el presente, de la familia, de la diversión, del ocio. Aunque este tiempo es inferior al que se requiere para aprender cualquier otra profesión, se esperan resultados inmediatos. Y esa expectativa produce dolor.

La inversión en autoestima está medida por la frecuencia e intensidad de los momentos amargos en el principio de la travesía. Y cuando no se ven resultados, entonces el dolor de esos momentos amargos cobra su cuenta pendiente, alejando a las personas del negocio.

En La Canasta del Pescador explicaremos cómo manejar estos dolores y construir los Hábitos y Habilidades requeridos para alcanzar la excelencia en esta profesión.

Conclusión

Por la naturaleza misma de la industria, los Profesionales en Redes de Mercadeo comienzan a ejercer sin haberse educado adecuadamente. Y esta característica es inherente al negocio y no va a cambiar.

Sin embargo, aprender en el camino conlleva una serie de emociones negativas que alejan a las personas de su profesión mucho antes de que estuvieran maduros para tener éxito. Solo los pocos que logran sobrellevar estas emociones alcanzan el éxito y mejoran su calidad de vida.

En La Canasta del Pescador explicaremos cómo desarrollar los Hábitos y las Habilidades necesarias para superar los dolores del inicio.

En el siguiente capítulo hablaremos de siete hábitos importantes para poder visualizar el futuro con claridad. Ver el futuro con claridad aumenta el tamaño de la canasta, aumenta la motivación y por ende los dolores propios del negocio tienen un impacto menor en nuestras decisiones. Visita nuestro sitio web para leer en más detalle sobre el impacto de estos dolores en el negocio.

Capítulo 3

❧

El tamaño de tu canasta

«El futuro es un libro con las páginas en blanco.
Escribimos en esas páginas con la tinta de nuestras
creencias y la pluma de nuestras acciones»

Gustavo Abello

El objetivo de este capítulo es motivar al lector a construir nuevos hábitos de vida que permitan visualizar claramente un futuro ilimitado, abundante, acorde con sus íntimos anhelos.

Volviendo a la Historia del Pescador, podemos relacionar que en la historia la Canasta representa el tamaño de nuestras metas financieras. La meta que tenía el Pescador de la historia era satisfacer las necesidades de alimentación de su familia y por ende el tamaño de su canasta estaba adecuado para ello.

En la vida nos proponemos metas ajustadas a nuestras necesidades, basadas en nuestro pasado, sustentadas en nuestras profundas creencias de lo que es posible o no, influenciadas por lo que vemos a nuestro alrededor. Esta combinación de factores determina nuestras expectativas del futuro; y luego ajustamos la mente y nos enfocamos en alcanzar metas que son importantes y particulares para cada uno.

Analogía del Mercadeo en Redes con la Historia del Pescador

Cuando alguien presenta a otras personas un plan de negocios para alcanzar libertad financiera, abundancia en tiempo y en dinero, la capacidad de transformar para bien la vida de otras familias y construir un futuro de éxito, está presentando un plan que a muchas personas no les cabe en la cabeza, como en la Historia del Pescador, cuando éste regresaba al agua los pescados grandes porque no le cabían en la canasta.

Son muchos, como el pescador, quienes están enfocados

en satisfacer sus necesidades fundamentales y no pueden proyectar un futuro nuevo, lleno de satisfacciones y progreso. La canasta de ellos solo permite ver los pescados pequeños, es decir metas pequeñas.

La acción equivalente a la del Pescador de tirar el pez grande al agua, es criticar un plan de negocios que ni siquiera han escuchado, es dejarse llevar por el escepticismo y el «realismo».

Se tiran pescados grandes al agua cuando se cree que la profesión de mercadeo en redes va a producir ingresos inmediatos como si fuera un sueldo; se tiran pescados grandes al agua cuando la impaciencia triunfa sobre el anhelo y se abandona la profesión antes de tiempo.

Se tiran pescados grandes al agua cuando perdemos la visión del futuro.

El futuro es potencial puro

El pasado ya está escrito y solo podemos cambiar nuestra interpretación de hechos ya acontecidos. El futuro es distinto. El futuro no está escrito. El futuro está primero en nuestra mente, en nuestros sueños, en nuestra fe; luego el futuro toma forma física influenciado por nuestra visión del mismo.

Por ejemplo, usted está en el colegio cuando es un adolescente y se visualiza siendo un doctor. Usted puede ver que eso es posible y que le gusta; luego sus acciones comienzan a manifestarse de acuerdo a esa visión y entonces su futuro toma forma física en el presente. Usted también puede estar en el colegio y pensar que la medicina es solo para los ricos y aunque sí le gustaría ser médico, eso no está a su alcance. Y como no puede ver su futuro con claridad, entonces termina estudiando algo similar de menor valor para usted.

La visión y claridad del futuro es energía pura necesaria para su construcción.

¿Cómo podemos proyectar un futuro de abundancia si nuestra mente no está acondicionada para ello; como ocurre en la Historia del Pescador?

....

EL FUTURO NO ESTÁ ESCRITO; ES POTENCIAL PURO.

....

Influencias para ver el futuro

Vamos a identificar cuatro fuerzas que influyen en la capacidad de ver un futuro próspero.

1. El «Realismo».

   He usado «realismo» entre comillas porque esa realidad es subjetiva. La «realidad» cambia de individuo en individuo. Un millón de dólares en un banco es una fortuna para algunas personas o la cercanía de una quiebra inminente para otros. La realidad es una interpretación del presente que influye en la construcción del futuro.

   El «realismo» inhibe la capacidad de soñar en grande aunque trae como beneficio el sentido común para tomar decisiones de corto plazo.

   Para construir una visión ambiciosa del futuro, el realismo

no es un buen aliado. Soñar en grande sin temor a fallar es una práctica fundamental en el afinamiento de la visión. Sin embargo, todo cambia el día que fallas en el proceso y se desmorona el sueño; ese día nace la desilusión que como vimos aleja a las personas del negocio. Y para no sufrir el dolor del fracaso y la desilusión, las personas dejan de soñar en grande y se vuelven «realistas», es decir metas pequeñas que «sí son posibles de realizar».

El «realismo» es la capacidad de reducir el tamaño de las metas para disminuir la posibilidad de fallar. Quiero enfatizar en el hecho de que el «realismo» es importante para las metas en el corto plazo, mas no lo es para una visión ambiciosa del futuro.

2.   La proyección futura del pasado.

Las experiencias positivas o negativas del pasado ponderán las expectativas del futuro. Un historial de fracasos influye negativamente en una proyección futura de la vida. Por el otro lado un historial de éxitos podría inspirar una proyección futura de éxitos y triunfos. Tendemos a creer que nuestro futuro será una extensión de lo que ya fuimos en el pasado; tal vez un poco mejor.

El futuro no está escrito; es potencial puro. Las páginas del libro del futuro de tu vida están en blanco. Se puede elegir entre escribir un futuro parecido al pasado que ya vivimos, o transformar nuestro futuro en aquello que queremos desde el corazón que éste sea. Tenemos la capacidad de escribir un futuro distinto reprogramando nuestras creencias, actuando con fe y entusiasmo.

3.   La imagen subconsciente de ti mismo.

El subconsciente está alimentado por las creencias que adquirimos en la infancia (hasta antes de entrar a la adolescencia) en relación a la vida. Influyen en esas creencias las enseñanzas del hogar, momentos dolorosos y felices del pasado, el ejemplo de tus figuras de autoridad, el ambiente social en el que creciste y los consejos y comentarios de tus amigos.

Esta gama de factores hacen que el niño edifique una imagen de lo que es la «realidad», la cual le acompaña por toda su vida. Un ambiente de escasez en la niñez tiende a forjar una vida adulta de escasez; y lo contrario también es cierto. Esa es la razón por la cual la mayoría de las personas de escasos recursos que ganan la lotería terminan dilapidando su fortuna. Es la misma razón por la cual los hijos de personas adineradas tienen una mayor probabilidad de acumular riqueza que los hijos de personas con pocos recursos económicos.

La imagen de nosotros mismos que forjamos en la niñez se madura con la sabiduría, se transforma con el esfuerzo. De ahí la importancia de invertir tiempo en nuestro crecimiento como seres humanos. Cada minuto que invertimos en sabiduría se manifiesta en nuestro futuro en forma de bendiciones.

4. La influencia de las personas con autoridad.

Las figuras de autoridad y amor que te rodean, poseen la capacidad de alimentar tu proyección del futuro positiva o negativamente. Gracias al respeto que ellos te merecen, sus opiniones son importantes a la hora de tomar decisiones, a la hora de proyectar los próximos años.

Solo se necesita un consejo malinterpretado de alguno de ellos, para modificar tu futuro.

Las opiniones de nuestros seres queridos son importantes y valiosas, pero al final es nuestra vida y nos corresponde recorrerla de acuerdo a nuestros sueños íntimos. El liderazgo de tomar responsabilidad por tu vida, influye positivamente en la manifestación del futuro.

La combinación de estas cuatro fuerzas construye la manifestación del futuro. En muchas oportunidades todas estas influencias no te permitirán soñar en grande, transformar tu vida, transformar el mundo, ser lo que tú quieras ser, disfrutar esta vida a plenitud.

> CADA MINUTO QUE INVERTIMOS EN SABIDURÍA SE MANIFIESTA EN NUESTRO FUTURO EN FORMA DE BENDICIONES.

En La Canasta del Pescador iremos explicando cómo podemos desarrollar la actitud correcta para escribir un futuro nuevo para el negocio; un futuro positivo, abundante, como el que hemos soñado.

Siete hábitos para ampliar el tamaño de la canasta
A continuación vamos a exponer siete hábitos necesarios para ampliar la visión del futuro, ampliar el tamaño de tu canasta, ampliar la energía con la que actúas cada día. No están en orden de importancia, los he colocado de forma aleatoria.

El perdón
Perdonar a las personas y entidades que nos hicieron daño

es fundamental para una proyección clara del futuro. El odio, el resentimiento, el rencor y las heridas del pasado golpean con frecuencia nuestra mente, llevándonos a revivir un pasado de dolor y tristeza. Y ese recuerdo permanente del pasado se cuela en nuestra proyección del futuro, afectándolo negativamente.

Las heridas grandes provienen en su mayoría de las personas que hemos amado. Entre mayor el amor, mayor el dolor. Hay que limpiar esos dolores del pasado para vivir en paz; esa paz es la que permite el libre fluir de ideas y sueños positivos y agradables.

Perdonar es un reto que enfrenta dos obstáculos: La creencia de que odiando hacemos justicia y la creencia de que perdonando nos hacemos débiles. Ambas creencias tienen una razón de ser que respeto, pero también tienen otro ángulo de vista que merece ser analizado.

El odio por sí mismo no hace justicia; tan solo destruye el corazón y la mente del que odia. En muchos casos odiar solo beneficia a aquel que nos quiere ver sufriendo. La justicia está en manos de las leyes, tanto del hombre como de Dios. No somos quién para tomar la justicia por nosotros mismos.

Perdonar no significa estar de acuerdo con el que te hizo daño. Puedes perdonar y mantener tu desacuerdo. Puedes perdonar y tomar acciones sensatas para protegerte de que no te vuelvan a herir. El odio, el resentimiento, el rencor, no son emociones protectoras sino destructivas para el que las siente. Para protegerte existen otros medios como la precaución, la planeación, la cautela, la prevención, la sabiduría, el estar atento, la prudencia, la honestidad, la sensatez. Todas ellas sustituyen al odio al momento de protegerte y no hacen daño.

Liberarse de recuerdos negativos del pasado influye positivamente en una visión exitosa del futuro.

Hábito Positivo Nº 1: Perdonar a todos los que te han herido cada noche y levantarse con el corazón en paz cada mañana.

El agradecimiento

Dentro del mar de aspectos negativos que puedan rodear el pasado y presente de una persona, siempre hay aspectos positivos no identificados que se revisten de gran importancia.

Por ejemplo, pudiste haber nacido en un ambiente de circunstancias adversas para tu gusto, pero esas circunstancias fueron tu mejor profesor en el arte de la sobrevivencia, de la recursividad, de la astucia. En medio de tus dificultades del pasado, fortaleciste músculos que no valoras pero que son un activo en tu vida.

Por ejemplo, puedes estar en dificultades financieras y pasando momentos amargos; pero estos momentos te impulsan a buscar salidas permanentes a tu situación, por ende a estimular la educación, la paciencia, la planeación.

Siempre los retos del presente conllevan un aprendizaje que te hace fuerte, sabio, capaz. Tienes derecho a quejarte de tus sinsabores, pero al mismo tiempo tienes la obligación de encontrar lo nuevo que estás aprendiendo y que te hará fuerte. Cuando logres ser agradecido con tu presente, entonces verás el futuro con otros ojos;

sintiéndote confiado en sobrepasar con éxito los retos que representa vivir tus sueños.

Hábito Positivo Nº 2: *Agradecer cada noche antes de dormir por las bendiciones que te rodean y valorar cada mañana la oportunidad de vivir un día más.*

El amor propio

Un billete de US$100 dólares vale lo mismo arrugado que estirado. Tú siempre vales lo mismo, en el éxito o en el fracaso. Castigarte, subvalorarte, criticarte, por los momentos malos de la vida es entendible. Pero al mismo tiempo tienes la obligación de recuperarte y avanzar en el camino del éxito. Qué tan rápido te puedes reponer de un mal momento es lo que engrandece tu personalidad.

El mejor revitalizador de energía para reconstruir tu amor propio es tu propia voz. Cuando mental o físicamente te hablas a ti mismo de forma positiva, tu subconsciente escucha con avidez. Tu propia voz es poderosa, es aceptada, es necesitada por tu interior. Las declaraciones positivas hacia ti mismo, producen un efecto mágico en tu forma de ser.

Motívate a ti mismo con tu propia voz, física y mentalmente, para que disfrutes de un reconstructor del amor propio que no tiene comparación.

Hábito Positivo Nº 3: *Escucha un mensaje grabado con tu propia voz, con declaraciones positivas todas las noches antes de dormir.*

El servicio

Dedicar un tiempo de nuestras vidas al servicio a la

humanidad es importante para la construcción de un futuro mejor. Me refiero a servicio incondicional, sin retribución de ningún tipo, sin siquiera las gracias si es el caso. Un tiempo de servicio donde la única característica es el dar sin esperar recibir nada a cambio. Algo así como un diezmo en tiempo, dedicado al servicio pleno y puro.

Estos momentos de humildad y entrega, activan los sentimientos elevados de nuestro ser; los sentimientos de orden superior. La nobleza, el idealismo, la misericordia, la fortaleza, la compasión, el altruismo, la empatía, la sensibilidad, el amor incondicional. Es así como despertamos nuestro espíritu, la chispa de Dios en nuestro interior.

La consecuencia colateral, no premeditada, de estas emociones es una limpieza de nuestros ojos espirituales y nuestra capacidad de ver un futuro nuevo, positivo, feliz.

Hábito Positivo № 4: Pertenecer a una causa noble de servicio a la humanidad sin esperar retribución de ningún tipo.

La espiritualidad

Espiritualidad no es lo mismo que religión. La espiritualidad es ese mundo interior de pensamientos y emociones, que existen mas no tienen presencia en el mundo físico. Como su nombre lo indica, la espiritualidad es el mundo donde se mueve nuestro espíritu; sea a través de la religión o no.

La espiritualidad se educa cuidando los aspectos de nuestra mente; forjando hábitos y creencias para el bienestar de nuestro mundo interior, mundo que todos tenemos, tanto hombres como mujeres.

En ese mundo interior podemos conectarnos con Dios, mejorar nuestra salud, ampliar la clarividencia, cultivar la paz, evacuar el estrés, inspirar el amor, incentivar la creatividad y muchos otros beneficios. Una de las razones importantes para incrementar la espiritualidad es la capacidad de ver el futuro.

Para cultivar la espiritualidad existen muchas vías, siendo la religión tal vez la más conocida. La espiritualidad afina los ojos interiores, aclara la mente, influye positivamente en el futuro.

Hábito Positivo Nº 5: Elije una forma de cultivar tu espiritualidad y mantenla como hábito fundamental para construir el futuro.

La determinación

La determinación es la decisión de lograr una meta específica, para una fecha específica, haciendo los sacrificios que sean necesarios y siendo tú el único responsable de su consecución.

La determinación es la que le da la fuerza para sobrellevar el fracaso; provee la fortaleza para resistir el sacrificio, ilumina la mente para seguir adelante, inyecta el cuerpo con energía para superar el cansancio, inspira las decisiones necesarias para alcanzar el éxito.

La determinación no convive con la queja, la crítica o el señalamiento. La determinación es inherente a la responsabilidad, a la honestidad, a la superación.

Cuando la determinación aflora, el futuro brilla. Saber que vamos a lograr ese futuro que anhelamos a pesar de los obstáculos, de las circunstancias, del esfuerzo, del tiempo, de la distancia, de los fracasos, de los éxitos, materializa el futuro en el mundo físico.

Hábito Positivo № 6: Elegir con cuidado las metas y apoyarlas con una determinación absoluta de lograrlas.

La celebración

Ignoramos nuestros pequeños éxitos pensando que no son relevantes. Al hacerlo, menospreciamos las consecuencias de nuestros esfuerzos; desaprovechamos el ladrillo con el que se construye una imagen de ganador. Son los pequeños éxitos los que inspiran nuestra confianza en sí mismos, los que nos dicen que sí podemos y que somos triunfadores en el camino de la vida.

Celebrar los pequeños triunfos es un hábito enriquecedor, fundamental para sentirnos bien. Al celebrar, nos damos un mensaje de que nos valoramos, que nos apreciamos, que nos queremos, que somos importantes. Y aunque el mundo no valore nuestros logros, nosotros sí tenemos la responsabilidad de hacerlo.

Celebrar aumenta la capacidad de saber que en el futuro vamos a lograr nuestras metas; y esa nueva capacidad es energía pura vital para manifestar nuestro futuro en el mundo físico.

Hábito Positivo № 7: Celebrar los éxitos, grandes o pequeños, solo o acompañado.

Conclusión

Existen factores que afectan positiva o negativamente nuestra visión del futuro. Una visión clara, positiva, próspera de nuestro futuro es fundamental para alcanzar nuestros sueños y metas.

Muchas de las fuerzas que gobiernan nuestra capacidad de ver un futuro ilimitado, distinta, radican en nuestro interior. Las fuerzas negativas necesitan ser neutralizadas construyendo hábitos positivos que despierten nuestros sentidos interiores, activando la claridad mental que nos permita ver un futuro nuevo.

La claridad de esa visión es energía pura en el presente, es fuerza interior y capacidad de acción.

Ampliando la capacidad de ver el futuro ampliamos nuestra canasta.

En el siguiente capítulo hablaremos de Siete Hábitos para alinear la mente consciente con la mente subconsciente. Esa alineación trae como beneficio una mayor energía, pasión y enfoque para alcanzar las metas. Visita nuestro sitio web para mayor información sobre cómo desarrollar estos Hábitos.

Capítulo 4

❧

Conciliando tus dos mentes

«Sé específico y consistente en tus metas;
así sabré lo que quieres y podré ayudarte a realizarlas.
Háblame positivamente y con cariño;
así podré madurar mis emociones.
Ten paciencia y confía en mí;
así podremos hacer todos estos sueños realidad.»

El Subconsciente

El objetivo de este capítulo es ilustrar al lector la existencia de una mente subconsciente que tiene vida propia y un poder importante en nuestros sentimientos y acciones.

La mente subconsciente es parte integral de nuestro ser. Cuando dormimos es la mente subconsciente quien guía nuestros sueños, repara el cuerpo y controla la actividad física.

La mente consciente convive con la subconsciente en los períodos que estamos despiertos y cada una de ellas juega un papel distinto. Mientras la conciencia se fundamenta en el intelecto, el subconsciente se gobierna por las emociones.

Bajo ciertos estímulos específicos cuando estamos despiertos, la mente subconsciente secuestra el intelecto y reaccionamos emocionalmente en cuestión de milisegundos. Solo basta con tocar un recuerdo doloroso del pasado para que nos pongamos en modo defensivo; solo basta que un olor nos traiga a la mente un día del pasado donde fuimos felices para que nos cambie positivamente el estado de ánimo.

Cuando las dos mentes están alineadas en sus prioridades, nuestra vida fluye normalmente. Pensamiento, palabra y acción funcionan en simetría. Todo fluye sin mayor esfuerzo.

Cuando hay un conflicto entre las dos mentes es cuando viene la confusión, la duda, el escepticismo, el miedo, la crítica, el modo defensivo. En ese escenario nuestras acciones no concuerdan con nuestro pensamiento. Decimos una cosa y hacemos otra. Todo es más difícil de realizar, se pierde la pasión, se confunden los sueños y nos paralizamos en la consecución de las metas.

Los Profesionales en Redes de Mercadeo requieren un balance entre intelecto y emoción para poder mantenerse en el camino del éxito. En esta profesión hay retos que requieren alinear las dos mentes para desarrollar el máximo potencial en ciertas áreas como el liderazgo, la capacidad de motivar, la capacidad de sobreponerse al fracaso, la capacidad de manejar el dolor emocional, la capacidad de ver el futuro y perseguir la excelencia.

La mente subconsciente es casi inasequible a través del pensamiento intelectual. Es como otro ser silencioso y poderoso en nuestro interior, que sabe todo de nosotros y que necesitamos aprender a motivar.

A continuación detallo otros siete hábitos primarios requeridos para alinear la mente consciente y subconsciente en la búsqueda del éxito como Profesionales en Redes de Mercadeo.

Tener metas claras y específicas

Las metas necesitan estar escritas, ser medibles, específicas, cortas y tener fecha de cumplimiento. Cuando tenemos metas confusas que residen solo en el anhelo, las podemos cambiar cada día; no tienen forma exacta y son ambiguas. Esta característica confunde al subconsciente quién no sabe lo que realmente quieres y por ende pierde la confianza en ti; deja de trabajar para ti y se coloca en modo escéptico. La consecuencia natural de esta situación es la pérdida del entusiasmo, el desenfoque y la falta de pasión.

Metas claras llevan el mensaje al subconsciente de lo que exactamente quieres para tu vida y por ende él comienza a alinearse con tus metas.

Estos son algunos ejemplos:

- «Alcanzar un nivel de ingresos de US$10,000 mensuales producto de mis inversiones a partir del 1ro de Noviembre del 2017»
- «Colocar 500 Profesionales en Redes de Mercadeo en mi Línea de Auspiciados para el 25 de Julio del 2016»
- «Asistir a la convención anual de la empresa como conferencista invitado para el 1ro de Diciembre del 2018»

Hábito Positivo № 8:** **Tener metas claras, específicas, medibles, cortas y con una fecha de cumplimiento.

Declaraciones positivas

Las Declaraciones Positivas son importantes para influir el subconsciente. Una Declaración Positiva es un decreto poderoso que construye realidades.

Aunque tu presente no se manifieste como lo quisieras, puedes diseñar tu nuevo futuro de acuerdo con tus anhelos y decretarlo. En esos decretos imagina que le hablas a tu mente subconsciente explicando el mundo que quieres, el mundo de tus sueños; pero hazlo en tiempo presente.

Al hacerlo de esta manera, maduras el subconsciente, lo concientizas que hay un mundo nuevo para ir a buscar y que es completamente posible alcanzarlo.

Recita tus declaraciones en voz alta en la noche antes

de dormir y en la mañana al levantarte. Colócalas en un sitio visible donde puedas leerlas aun sin la intención de hacerlo.

Estos son algunos ejemplos:

- «Mi capacidad de persistir en mis metas me permite aprender la mejor forma de manejar mis negocios. Aprendo con humildad de mis experiencias y siempre busco la manera de crecer en mente y espíritu.»
- «Soy sensible a las emociones de mi equipo y desarrollo la capacidad de conectarme con sus sentimientos. Como Líder siempre estoy atento a motivarlos y darles ánimo aún en los momentos difíciles.»
- «El poder de reconocer y elogiar las virtudes de mis semejantes, me permite disfrutar de su presencia y compañía. Hago amigos con facilidad y compartimos con alegría nuestras aventuras y nos apoyamos en la necesidad.»

Hábito Positivo Nº 9: Declarar el futuro en tiempo presente de forma positiva y recitarlo dos veces al día.

Utilizar el cuerpo físico

El cuerpo tiene la capacidad de influenciar positivamente el subconsciente. Por eso el Yoga, Tai Chi, las artes marciales y muchas otras ciencias ancestrales, han sido utilizadas para encontrar paz, sabiduría y desarrollar virtudes no físicas.

Caminar con actitud de éxito, hablar con propiedad y mantener el cuerpo en forma, poseen la capacidad de pasar un mensaje poderoso al subconsciente de que estamos comprometidos con el éxito, con la salud, con la vitalidad, con la energía.

Dedica un mínimo de tres horas a la semana a fortalecer tu cuerpo a través del deporte, del ejercicio, de Yoga, Artes Marciales o cualquier actividad física que te haga sentir joven, alegre, vital.

Hábito Positivo № 10: Mantener una actitud corporal adecuada para el éxito.

Mantener un compromiso con la excelencia
Ingresa a esta profesión detrás de ser excelente, de ser el mejor.

La búsqueda de ser excelente requiere humildad para aprender, disfrutar de tus errores, leer con frecuencia, educarte permanentemente, ser un buen seguidor y al mismo tiempo ser un buen líder.

La excelencia se encuentra en el manejo de los detalles. En la medida que cuides de cada detalle de tu negocio, irás perfeccionando tus hábitos y tus resultados. En esa búsqueda le pasas al subconsciente el mensaje claro de que estás detrás de ser el mejor, el número uno, de crecer y triunfar. Así no le quedará al subconsciente duda alguna de tus intenciones y por ende se unirá a ti en esta carrera.

Escribe un aviso grande que diga:

¿Qué puedo aprender hoy que me lleve a ser el mejor de mi profesión?
Y cuélgalo en un sitio visible donde lo veas cada día.

Hábito Positivo Nº 11: Ser Excelente en la profesión.

Meditar con frecuencia
La meditación es un arte que se perfecciona con la práctica. La meditación es salud física y mental.

Hoy en día hay varias técnicas de meditación con diferentes enfoques. Elige una con la que te sientas cómodo y dedica al menos diez minutos diarios a meditar. En tus meditaciones proyecta tu futuro, visualiza tus metas, recita tus declaraciones positivas y agradece las bendiciones que te rodean.

Hábito Positivo Nº 12: Meditar diez minutos diarios.

Programar el subconsciente a través del sueño
El momento antes de dormir es importante para programar positivamente el subconsciente. Para ello graba con tu propia voz tus declaraciones positivas y tus metas.

Luego coloca el audio justo antes de dormir. Te recomiendo colocar algo de música suave al final del audio por unos diez minutos mientras te quedas dormido.

Al inicio puedes sentirte incómodo con tu propia voz, pero luego te acostumbras y será una experiencia placentera. Hazlo por al menos 90 días con la misma grabación. Luego puedes cambiarla por otro contenido que no sea contradictorio con el anterior.

EL MOMENTO ANTES DE DORMIR
ES IMPORTANTE
PARA PROGRAMAR POSITIVAMENTE EL
SUBCONSCIENTE.

Esa grabación irá influyendo positivamente en el subconsciente, construyendo una nueva realidad, aumentando la fe en un futuro nuevo.

Hábito Positivo № 13: Programar el subconsciente al empezar el sueño.

Ensamblar un equipo del éxito

La interacción con otras personas y su retroalimentación positiva influyen en el subconsciente.

Ensambla un equipo del éxito con el que te reúnas una vez al mes para compartir tus metas. En esa sesión mensual solo se aceptan elogios, comentarios constructivos, una alta dosis de motivación, comprensión por el dolor ajeno, la búsqueda de lo positivo en medio de la adversidad y la celebración de cualquier éxito por muy pequeño que sea.

Ese equipo necesita conocer tu meta con claridad y así comprender el progreso que has hecho en la consecución de la misma.

Al exponer tus metas públicamente y recibir energía positiva y retroalimentación, programas positivamente el subconsciente y lo alineas con tus metas y sueños.

Hábito Positivo № 14: Mantener contacto con tu equipo del éxito.

Conclusión

El subconsciente ejerce una influencia poderosa en tus emociones y acciones. Sus prioridades no están necesariamente alineadas con tus prioridades conscientes.

La alineación de las prioridades conscientes y subconscientes trae como beneficio una mayor energía, pasión y enfoque para alcanzar las metas. Este proceso de alineación requiere de la construcción de hábitos nuevos que traigan como beneficio una actitud positiva y adecuada para el negocio.

En este capítulo hemos detallado siete hábitos que conllevan a la unidad de pensamiento de ambos niveles del ser.

Para triunfar en esta profesión se requiere alinear las dos mentes para mantener una integridad entre el pensamiento, la palabra y la acción. Cuando se alcanza este equilibrio, nuestra canasta se amplía, permitiéndonos ver oportunidades de negocios más grandes.

En el siguiente capítulo se explica por qué un negocio de Redes de Mercadeo es una inversión altamente rentable. Visita nuestro sitio web para mayor información sobre cómo desarrollar estos hábitos.

PARTE II

❧

CUANDO LA PASIÓN BUSCA AYUDA EN LA EDUCACIÓN

LA CANASTA DEL PESCADOR

Capítulo 5

∽

La rentabilidad de tu inversión en Redes de Mercadeo

«Creo que prácticamente todo el mundo debería poseer su propio negocio, ya sea tiempo parcial o completo. La primera razón es que la inmensa mayoría de los millonarios llegaron a hacerse ricos llevando su propio negocio»

Tomado del libro Los Secretos de la Mente Millonaria de T. Harv Eker

El objetivo de este capítulo es expandir tu conciencia del lector acerca de los beneficios financieros de este negocio, expandir tu motivación y ampliar tu canasta.

El grueso del mundo empresarial solo tiene tres opciones para llevar sus productos al consumidor final:

1. Ventas directas al consumidor final (Ventas al Detal)
2. Ventas a través de distribuidores y mayoristas (Ventas al por Mayor)
3. Ventas a través de Redes de Mercadeo

Para estructurar los modelos de promoción y mercadeo, tanto al detal como al por mayor, las empresas gastan cifras substanciales de dinero. En muchos casos el presupuesto de mercadeo es el más alto de la empresa. Y la mayoría de ese presupuesto va a los medios tradicionales como Televisión, Radio, Prensa, Vallas y Medios Digitales.

Ahora existe la oportunidad de estructurar tu propio negocio de mercadeo utilizando la tercera opción: Redes de Mercadeo. Las empresas que utilizan este sistema están dispuestas a pagar muy buen dinero si las ayudas a colocar sus productos en el mercado.

Como todo negocio, requiere una inversión que cosecharás una vez que haya transcurrido el tiempo requerido. Para motivarte a comprender la dimensión de los negocios de Redes de Mercadeo y para ampliar tu canasta, vamos a analizar la rentabilidad que puede ofrecer este tipo de negocios.

La inversión en tiempo y dinero

Los ingresos obtenidos por la venta de tiempo por dinero (llamado salarios) traen consigo el techo que representa el número de horas disponibles cada día para ser cobradas. Sueldos y honorarios profesionales tienen como límite el número de horas diarias que se pueden facturar, pero se puede compensar con el incremento del valor por hora que se cobra. Ese incremento está sujeto al tipo de beneficio que cada hora provee al cliente y está sujeto a la competencia alrededor del mismo.

Para poder obtener una mayor remuneración trabajando el mismo número de horas, las personas invierten grandes cantidades de tiempo y dinero en educación.

Para ser un profesional y obtener mejores ingresos que un bachiller, los universitarios invierten años y grandes cifras de dinero para obtener sus títulos profesionales. Y el hábito de invertir tiempo y dinero para disfrutar de una mejor calidad de vida, continúa a través del tiempo con maestrías, doctorados, certificaciones, especializaciones, etc.

INVERTIR TIEMPO Y DINERO EN
EDUCACIÓN ES RENTABLE
Y MEJORA LA CALIDAD DE VIDA.

Las inversiones de tiempo y/o dinero en estructuras que producen dinero

En el caso anterior hicimos referencia al beneficio de invertir en ti mismo cuando tú eres la fuente de producción. En este caso vamos a referirnos a invertir en estructuras que produzcan dinero por sí solas.

El propósito es construir un sistema que produzca dinero estando el dueño presente en el negocio o no.

Por ejemplo: Una cadena de restaurantes, un portafolio de acciones en títulos valores, un centro comercial entregado en arriendo, una estructura de mercadeo a través de redes.

Invertir en construir una empresa, requiere sumas importantes de tiempo y dinero. Una vez que la empresa está estructurada, comienza a producir dinero para quién hizo la inversión. En este tipo de inversión se requiere tiempo y dinero.

Una inversión en acciones o documentos financieros, requiere dinero en su mayoría. Y una vez que el dinero ha sido invertido, vienen las utilidades de la inversión.

La ventaja de las inversiones en estructuras que producen dinero sobre las inversiones en educación para devengar un salario, es que su techo es infinito. En las inversiones en estructuras que producen dinero no hay límites; se puede expandir tanto como podamos.

Invertir tiempo y/o dinero en estructuras que producen dinero es rentable y son el vehículo para disfrutar una vida próspera y abundante.

¿En el mundo de los ingresos, en qué invertimos el tiempo y el dinero?

Las personas que intercambian tiempo por dinero, invierten su tiempo en trabajar y su dinero en educación, para obtener más dinero. En su mayoría, los ahorros se invierten en documentos financieros y propiedades.

Las personas que intercambian tiempo y dinero para construir sistemas (por ejemplo empresarios) que generen ingresos, invierten su tiempo y su dinero en edificar el sistema. En la medida que el sistema esté más afinado, producirá más ingresos. Con los ingresos que el sistema produzca se diversifican las inversions, aumentando la rentabilidad. Estos sistemas no tienen límite en sus ingresos mientras el sistema continúe expandiéndose.

Para ilustrar este punto voy a realizar una comparación:

- El hombre mejor pagado del mundo en el 2013 con un salario fue Larry J. Ellison, Presidente y co-fundador de Oracle, quién se ganó casi US$100 millones de dólares.
- El hombre que más dinero recibió producto de sus inversiones en el 2013 fue Carlos Slim, quién percibió un ingreso de $80.1 billones de dólares.
- El mejor inversionista del mundo gana 800 veces más que el mejor empleado del mundo (cifras del año 2013).

Invertir nuestro tiempo y dinero en la construcción de estructuras que produzcan ingresos, son más rentables que trabajar por dinero.

¿Para ganar $10,000 dólares mensuales sin trabajar por dinero, de qué tamaño debe ser nuestra inversión (cifras del 2013)?

La tasa de rentabilidad promedio para inversiones financieras en los Estados Unidos en el 2013 fue del 2% anual. En un escenario así, para obtener un ingreso de US$1,000 dólares mensuales se requiere una inversión de $600,000 dólares.

Aunque hay inversiones financieras que producen una

mayor rentabilidad, este fue el promedio de todas ellas. La tasa para inversiones en bienes raíces fue en promedio del 9% anual.

Para pasar nuestro mensaje vamos a analizar cuánto dinero invertido se requiere para alcanzar un ingreso mensual de US$1,000, con una tasa de rentabilidad del 10%. Asumiendo que usted fuera afortunado y estuviera bien asesorado, con una inversión de US$120,000 y una rentabilidad del 10% anual, usted puede recibir $1,000 dólares mensuales si viviera en los Estados Unidos (en el año 2013).

Continuando con el esfuerzo de pasar el mensaje, asumamos que usted quisiera vivir cómodamente con un ingreso de US$10,000 mensuales. Entonces necesitaría US$1,200,000 invertidos inteligentemente para disfrutar de esa libertad. En este supuesto usted no necesita trabajar por dinero y puede dedicarse a disfrutar sus días con lo que ese ingreso le permita.

En nuestro ejemplo, a cifras del año 2013 y siendo afortunado, se necesita una inversión de US$1,200,000 para percibir un ingreso de US$10,000 mensuales.

Si su Red de Mercadeo le produce US$10,000 mensuales (cifras del 2013), usted puede afirmar que su Red tiene un valor productivo de US$1.2 millones.

La rentabilidad de las inversiones en Redes de Mercadeo

Construir una Red de Mercadeo requiere tiempo y dinero, como cualquier otra forma de inversión.

Lo curioso es que los Profesionales de la actividad no

consideran ni el dinero ni el tiempo gastado en el negocio como una inversión.

El tiempo y el dinero que se gasta en los primeros siete años construyendo una red de negocios, constituye la inversión en el negocio. La inversión es de alto riesgo si usted ingresa con metas de corto plazo; manteniendo la inversión por al menos siete años, sus posibilidades de éxito están aseguradas y la inversión es altamente rentable. Las Redes de Mercadeo en promedio necesitan siete años de inversión y persistencia para llegar al punto de solidez; a partir de ahí usted puede disfrutar de su inversión.

En esos primeros siete años usted invertirá su dinero en dos grandes rubros: Educación y Consumo.

Inversión de dinero en educación

Como en cualquier otra actividad, la inversión de dinero en educación garantiza resultados y es rentable. En el caso de las Redes de Mercadeo, la inversión en educación es aún más relevante dado que el negocio por sí mismo se realiza con personas. Nuestro siguiente capítulo está dedicado exclusivamente a las áreas dónde realizar la inversión en educación.

Esencialmente usted invertirá en educación en dos grandes rubros: Crecimiento Personal y Conocimiento del Negocio.

La educación en Crecimiento Personal formará su carácter y su actitud. Al ser este un negocio donde se requiere estar relacionándose con personas, sus hábitos en el trato con los demás son fundamentales. El beneficio secundario de esta inversión es que sus familiares podrán disfrutar de un mejor padre, mejor hermano, mejor hijo, mejor amigo.

La educación en Conocimiento del Negocio le ayudará a ser el mejor en su profesión.

Inversión de dinero en consumo

En los mismos siete años, usted invertirá mensualmente en los productos o servicios que la empresa ofrece. La inversión de dinero en Consumo trae consigo los siguientes beneficios:

1. Un conocimiento detallado de los productos y servicios siendo objeto del mercadeo. Este conocimiento se refleja en una mayor confianza de la Línea de Auspiciados, un mayor desempeño profesional en las actividades del negocio y la convicción natural de ser un buen usuario de los productos y servicios.

2. La oportunidad de promover los productos y servicios, aprendiendo las objeciones naturales de los consumidores y mejorando la calidad de la comunicación con la comunidad.

3. Contribuir al consumo de tu Línea en el negocio. En la medida que la Línea esté percibiendo ingresos y creciendo en sus metas, todos los miembros de la Línea se benefician.

Ambas inversiones son fundamentales para el éxito del negocio y es importante hacer una planeación financiera desde el inicio para mantenerlas al menos por siete años.

Inversión en tiempo

La inversión en tiempo, aparte de aprender el arte de la profesión, debe llevar como prioridad la construcción de una estructura duplicable. Aquello que los miembros de tu Línea de Auspiciados no puedan duplicar fácilmente de ti, no merece tu inversión en tiempo por muy bueno que sea.

La duplicación es la clave secreta de este negocio. La inversión de tu tiempo necesita ser orientada a la simplicidad, la duplicación y el entrenamiento. Esa es la forma de construir una estructura que se expande ágilmente con el paso del tiempo.

Analizando la rentabilidad

Para motivarte a que te mantengas en los primeros siete años construyendo tu negocio, voy a mostrar unas cifras que destacan la rentabilidad de tu inversión.

Bajo el escenario que una persona gasta US$500 mensuales en Entrenamiento y Consumo por siete años, el monto de la inversión sería de $42,000 (pagados en cómodas cuotas mensuales).

En el listado de los 100 profesionales mejores pagados en el año 2013 en la industria del Mercadeo de Redes, el que aparece en la primera posición muestra un ingreso anual de US$14.5 millones de dólares. Asumiendo en nuestro caso hipotético que después de siete años el negocio produce 150 veces menos que el mejor, el ingreso mensual proyectado sería de US$8,000.

En este caso hipotético, pesimista, se habría construido una Red de Mercadeo sólida, probada, con la capacidad de producir casi US$100,000 al año. Asumiendo una tasa de retorno sobre la inversión del 10% anual como hicimos antes, esta organización tiene un valor patrimonial equivalente de $1 millón de dólares.

Trabajando en tu negocio por siete años, invirtiendo US$500 dólares al mes y construyendo una organización duplicable, podrías disfrutar de una máquina productora de dinero que tendría un valor simbólico de Un Millón de Dólares (Americanos), a pesar de solo haber invertido US$42,000 en cómodas cuotas.

Toda esta gran oportunidad requiere que mantengas tres grandes acciones:

1. Mantenerte en el negocio por siete años.
2. Invertir en Educación para ti todos los meses.
3. Invertir en Consumo de productos o servicios todos los meses.

Los ahorros en la inversión en Redes de Mercadeo
Existen muchos ahorros ocultos al construir un negocio de Redes de Mercadeo. Voy a enumerar algunos de ellos con el propósito de valorar su importancia.

1) Ahorros en producción
   a) Investigación y desarrollo de nuevos productos y servicios
   b) Control de calidad
   c) Planeación de la producción
   d) Mantenimiento de equipos
   e) Análisis de la competencia
2) Ahorros en mercadeo
   a) Diseño e implementación de campañas de mercadeo
   b) Diseño gráfico de materiales impresos y audio visuales
   c) Material de entrenamiento para los asociados
3) Ahorros en contabilidad
   a) Reportes de rendimiento del negocio
   b) Manejo de pagos y tesorería
   c) Manejo de impuestos y reportes tributarios
4) Ahorros en gastos legales
   a) Patentes y licencias ambientales

b) Contratos de distribución y ejecución del negocio

c) Ajustes a las leyes gubernamentales de cada país

5) Ahorros en logística

a) Recepción y control de pedidos

b) Distribución de productos y servicios

c) Manejo de devoluciones, cancelaciones y cambios de productos

d) Línea de atención al cliente

6) Ahorros en tecnología

a) Sitio web para actividades comerciales

b) Sitio web para asociados al negocio

c) Sitios para redes sociales

d) Aplicaciones para dispositivos móviles

e) Seguridad del sistema de computadores

f) Adquisición de nuevas tecnologías

7) Eventos

a) Coordinación de recursos para desarrollo de eventos

b) Promoción y publicidad

c) Gestión de contenido para eventos

Todos estos aspectos vienen incluidos en tu inversión. ¿Cuánto costaría estructurar estos aspectos si fueras a empezar un negocio por ti mismo?

Las Inversiones en Redes de Mercadeo no solo son altamente rentables, también son considerablemente económicas.

Conclusión

Invertir tiempo y dinero para construir una Red de Mercadeo es altamente rentable y productivo. La inversión es de alto riesgo si se realiza por cortos períodos de tiempo. Después de siete años de inversión, la Red de Mercadeo es sólida y productiva, generando un retorno sobre la inversión significativo.

Para construir esa Red se necesita permanencia e inversión en educación y consumo. Esta inversión es mínima comparada con el retorno y la calidad de vida que ofrece. Adicionalmente, existen muchos ahorros en la inversion, producto de la infraestructura que ofrecen las empresas que producen los productos y/o servicios.

Al apreciar la dimensión del negocio con claridad y ver los primeros años del negocio como una inversión, se disminuyen los miedos iniciales. Al comprender que las Redes de Mercadeo son de las inversiones más sencillas y productivas para ingresar al mundo de los negocios, se amplía la visión y se amplía la canasta.

En el siguiente capítulo se establecen Diez Habilidades básicas para alcanzar la excelencia en la profesión.

CAPÍTULO 6

❧

LA EDUCACIÓN ES PODER

«La diosa de la fortuna no pierde el tiempo con quienes no están preparados»

Tomado del libro El Hombre Más Rico de Babilonia

El objetivo de este capítulo es motivar al lector a educarse adecuadamente en las Habilidades básicas para ser excelente en la profesión.

Todas las emociones negativas que planteamos en el capítulo 2 obedecen a la carencia de conocimientos que posean la capacidad de disminuir el efecto negativo de la gran mayoría de esos dolores. Estando debidamente educados, el dolor del rechazo, el miedo a hablar con extraños, la frustración, la desilusión y la crítica, tendrían un efecto superficial en el compromiso a triunfar en este negocio.

Educándonos y educando a la Línea de Auspiciados, se fortalece la actitud ganadora, se amplía el tamaño de la canasta. Adicionalmente, el éxito en esta profesión consiste en mantener un gran grupo de personas haciendo algunas tareas para las que están debidamente educadas, consistentemente a través del tiempo.

La educación es poder, sobre todo la educación en las áreas en las que somos débiles. La educación en los aspectos fundamentales del negocio es el secreto para lograr los objetivos rápidamente.

La línea de producción

En las Redes de Mercadeo existe una línea de producción como en cualquier otro negocio. En este caso la materia prima son personas que aún no conocemos y que siguiendo el proceso adecuado se conviertan en Líderes dentro del negocio.

A continuación describo esta línea de producción, fundamentada en el manejo de personas:

ETAPA	DESCRIPCIÓN
1. Convertir Extraños en Contactos	Es la capacidad de conocer personas y establecer una relación con ellas; en agregarlas a tu Lista de Contactos.
2. Convertir Contactos en Clientes	Es la capacidad de convertir personas de tu Lista de Contactos en Clientes de los Productos o Servicios de la Empresa.
3. Convertir Contactos y/o Clientes en Prospectos	Es la capacidad de convertir los Contactos y/o Clientes de tu Lista, en Prospectos para presentarles el Plan de Negocios.
4. Convertir Prospectos en Candidatos	Es la capacidad de convertir un Prospecto en un Candidato real a participar del negocio. Este proceso puede ocurrir en 30 segundos desde que se conoce la persona, o puede tomar semanas.
5. Convertir Candidatos en Auspiciados	Es la capacidad de convencer Candidatos a convertirse en nuevos Auspiciados, ya sea que el proceso tome una o varias interacciones.
6. Convertir Auspiciados en Profesionales	Es el proceso educativo requerido para que el Auspiciado forme sus Hábitos Positivos y construya Habilidades para el Éxito.
7. Convertir Profesionales en Líderes	Es el proceso requerido para que un Profesional desarrolle la capacidad de inspirar a otras personas a convertirse en Líderes del negocio.

Habilidades básicas

A continuación vamos a enumerar una serie de Habilidades que necesitan ser fortalecidas a través de la educación y que son el fundamento para ir moviendo personas a través de la línea de producción.

Administrar la Lista de Contactos

LA LISTA DE CONTACTOS ES TU ACTIVO № 1

Tu principal activo para encontrar nuevos Prospectos es tu Lista de Contactos. Aunque tus Contactos no ingresen al negocio, tal vez otras personas que ellos conozcan si lo harán.

La administración y mantenimiento de la Lista de Contactos es una Habilidad fundamental para el Profesional en Mercadeo de Redes. Esta administración se puede hacer utilizando dos sistemas: Rolodex o Computadores.

Las personas con menos experiencia en el uso de computadores pueden elegir comprar un buen Rolodex y mantener sus tarjetas de contacto. Mi recomendación personal es que hagan una inversión en tiempo y aprendan el oficio de administrar Listas de Contactos usando tecnología.

Para los que van a usar tecnología para administrar la Lista de Contactos les sugiero tener en cuenta que sea un sistema sencillo de manejar para que sea duplicable, que se pueda acceder vía Internet desde cualquier lugar del mundo y que se pueda acceder desde dispositivos móviles como teléfonos y tabletas.

La Lista de Contactos es tu Activo Nº 1; enfócate en mantenerla al día, hacerla crecer y utilizarla todo el tiempo para promover tus productos y servicios.

Segmenta la Lista de Contactos por varias categorías. Clasifica la Lista por país de residencia, Relación (Contacto, Cliente, Prospecto, Candidato, Auspiciado, Profesional, Líder) e Idioma (si tienes operaciones multinacionales).

Los Profesionales en Mercadeo de Redes administran su Lista de Contactos con seriedad y cuidado. Esta es una Habilidad fundamental para triunfar en la profesión. Motiva a tu Línea de Auspiciados a que desarrollen este conocimiento y se conviertan en los mejores en el manejo de su Lista de Contactos.

Si aún no estás manejando profesionalmente tu lista, inscríbete en el próximo curso de entrenamiento al respecto y adquiere los recursos necesarios para lograrlo. Recuerda siempre que el sistema que elijas debe ser fácil de usar para que sea duplicable.

Habilidad Nº 1: *Administrar profesionalmente la Lista de Contactos.*

Cómo expandir la Lista de Contactos y Prospectos

Los Profesionales en Mercadeo de Redes desarrollan un sistema para ampliar sus Prospectos basado en tres etapas:

1. Cómo contactar personas desconocidas

    El éxito en este negocio se construye con extraños. Aprender a presentarte profesionalmente en una reunión, en un ascensor, en una fiesta o en cualquier lugar, es una

Habilidad fundamental para expandir el negocio. Toma el entrenamiento necesario para aprender a presentarte en 30 segundos y sonar profesional. Hay libros, videos y cursos solo para desarrollar esta Habilidad.

Habilidad Nº 2: Presentarte en 30 segundos.

1. Cómo establecer una nueva relación

   Las personas que conocerás en el camino no son todas potenciales Prospectos para entrar en el negocio. Tal vez ellos conozcan a alguien que sí podría serlo, tal vez sean potenciales clientes de los productos o servicios de la compañía, tal vez sean importantes para organizar un evento, tal vez sean un nuevo amigo o tal vez nunca se desarrolle una relación.

   Prepara una oferta que sea atractiva para cualquier persona y que sirva como excusa para incluirlo en tu Lista de Contactos. Esta oferta la dejo a tu imaginación porque puede ir desde libros electrónicos gratis, un link para un portal de cupones de descuento, o tan solo hacerlos parte de tus redes sociales (Facebook, LinkedIn, etc.).

   Esta oferta es importante porque te permitirá iniciar una relación automáticamente con cualquier persona. También puedes tener varias ofertas distintas para que tengas siempre alternativas. Recuerda que estas ofertas deben ser duplicables.

   La tecnología puede ayudarte en este proceso utilizando adecuadamente tu sistema de manejo de La Lista de Contactos, el Correo Electrónico y las Redes Sociales. Lo importante es iniciar una relación con nuevas personas, sin que obligatoriamente sea de negocios. Ten lista tu oferta para iniciar una relación. Hoy en día todo se facilita gracias al correo electrónico; tan solo con pedir autorización para enviar tu oferta por correo electrónico, puedes establecer esa relación.

Habilidad Nº 3: *Establecer una relación con las personas que vas conociendo en el camino.*

1. Introducir la oportunidad de negocios

   En el camino, conocerás personas que son Potenciales Prospectos para presentarles el plan de negocios.

   Desarrollar la Habilidad fundamental de entregar herramientas para iniciar el proceso de reclutamiento es clave. Esta Habilidad requiere elegir cuidadosamente las herramientas, y practicar la presentación de la misma. No menosprecies esta Habilidad que va a requerir entrenamiento y dedicación hasta que seas el mejor en ella.

   Invito al lector a educarse en el uso de la tecnología para este paso. Con las ventajas de la Internet, los vídeos en línea y las redes sociales, este paso será más eficiente y efectivo que nunca.

   Una vez que eres un maestro en conocer personas e introducir la oportunidad de negocios, entonces estarás capacitado para llegar a la cima. Este proceso tiene su ciencia y necesitas ser el mejor.

   También recuerda que el proceso debe ser sencillo y duplicable para que puedas expandir tu organización.

Habilidad Nº 4: *Introducir la Oportunidad de Negocios de forma sencilla.*

Cómo hacer seguimiento a los Prospectos

Edúcate en el arte de hacer seguimiento a los potenciales Prospectos. Una vez entregada la herramienta, el seguimiento efectivo marca una gran diferencia en la capacidad de ampliar el negocio.

Aprende a hacer las llamadas, a mantener la atención, a manejar las objeciones y a preparar la siguiente llamada si es necesario. Este hábito que suena simple es particularmente incómodo para muchas personas. Existen cursos de entrenamiento solo para hacer llamadas efectivamente. Te sugiero hacer las llamadas en los horarios adecuados y prepararte adecuadamente para la sesión.

El libreto que vas a seguir en cada llamada debes tenerlo escrito previamente, haberlo memorizado y practicado muchas veces antes de realmente ver resultados.

Si el Prospecto presenta interés, entonces la siguiente acción es el centro del éxito en este nivel. Dependiendo de cada caso, la siguiente acción puede ser una invitación a un evento, una reunión personal o sencillamente realizar una inscripción al negocio.

Hoy en día existen muchas herramientas para ayudarte a mantener informados a tus Prospectos acerca de direcciones, mapas, recordatorios, guías de acceso, etc. Te invito a usar todos estos recursos para facilitar a tus Prospectos el cumplimiento de esta siguiente acción.

Una vez que una persona expresa su interés en escuchar El Plan de Negocios se convierte en un Prospecto.

Habilidad Nº 5: Hacer seguimiento a los Prospectos eficazmente.

Cómo presentar el plan de negocios

En este paso fundamental es necesario estar preparado para diferentes ambientes: una reunión familiar, un evento en un hotel, una conversación en un café o una reunión en Internet.

En cualquiera de estos casos siempre hay un patrón que se repite en todos ellos. Introducción, presentación personal, presentación del plan, manejo de objeciones y siguiente acción.

Todas ellas necesitan ser practicadas y graduarte de cada una:

1. Cómo introducir profesionalmente la reunión.
2. Cómo presentar tu historia personal.
3. Cómo presentar el plan (ojalá que esta parte la hagas usando una herramienta preparada por la empresa para que pueda ser duplicable).
4. Manejo de objeciones (ojalá que puedas usar terceras personas para esta parte para que pueda ser duplicable).
5. La siguiente acción: Aquí debes estar entrenado para cerrar el registro por ti mismo, ya sea manualmente o por computador. Tanto tú como toda tu Línea de Auspiciados debe estar perfectamente entrenado para llenar los formularios de registro a la perfección.

También debes preparar la siguiente acción si encuentras

que la persona aún no está lista para empezar el negocio. En promedio toma cinco a seis interacciones para firmar un nuevo miembro en el negocio. Por eso debes tener preparada siempre una lista de al menos tres acciones después de presentar el plan.

Asume que el proceso de auspiciar una nueva persona en el negocio es por etapas y que en cualquier etapa la persona puede firmar. Siendo la presentación de la Oportunidad el primer paso, la presentación del Plan el segundo paso, entonces desarrolla tres pasos adicionales para que incrementes tus posibilidades de éxito.

Recuerda que este proceso tan importante, necesita ser sencillo y duplicable.

A partir de ahora llamaremos a los Prospectos que aún no se deciden en entrar en el negocio como Candidatos. Los que dijeron que definitivamente no tienen interés los seguiremos llamando Contactos. Los que han firmado los llamaremos Auspiciados.

Habilidad № 6: Presentar el Plan de Negocios como un proceso basado en etapas.

Cómo hacerle seguimiento a los Candidatos

En este punto se requiere desarrollar la Habilidad de mantener una comunicación fluida con los Candidatos hasta que la persona entre a la Línea de Auspicio.

Es importante educarse en el arte de hacer estas llamadas de seguimiento y preparar el material de seguimiento para los Candidatos. Las llamadas o correos electrónicos que se envían después de que la persona vio el plan de negocios son de una naturaleza diferente a la de los Prospectos; requieren entrenamiento y preparación.

En este nivel necesitas recurrir al material de entrenamiento y a la experiencia de tu Línea de Auspicio. Aquí corresponde elaborar un sistema particular para cada caso y verificar que sea duplicable.

En este nivel es cuando toma aun más forma tu sistema de administración de la Lista de Contactos. Unido a la tecnología y al entrenamiento, puedes desarrollar un sistema de seguimiento eficiente que obtenga tres objetivos en su orden de prioridad:

1.   Convertir el Candidato en Auspiciado
2.   Convertir el Candidato en Cliente
3.   Convertir al Candidato en una Fuente de Referidos

Habilidad Nº 7: *Convertir los Candidatos en Auspiciados, Clientes o Fuente de Referidos.*

Cómo entrenar adecuadamente la Línea de Auspiciados
Hasta aquí nos hemos enfocado en el entrenamiento y la educación necesaria para que tú seas un éxito en el negocio. Pero la ciencia de este negocio está en la duplicación. Si tu Línea de Auspiciados no puede reproducir estos pasos, no tendrán ningún valor.

Paralelo al aprendizaje de los mismos, se debe preparar el sistema de entrenamiento. Entrenar a los nuevos miembros de tu Línea de Auspicio es tan importante como entrenarte a ti mismo.

Cuando un nuevo Auspiciado ingresa al negocio,

experimenta todos los miedos y ansiedades que describimos en el capítulo 2.

Al ofrecerle al nuevo Auspiciado un Plan de Educación simple y profesional, sus temores bajarán su intensidad, se sentirá empoderado y podrá superar el dolor natural del negocio con mayor facilidad.

Gracias al Plan de Educación, el nuevo Auspiciado entenderá que hay un camino que recorrer, que se requiere tiempo y dinero fraguar una estructura sólida en el largo plazo; que paso a paso se construye el negocio y que no se necesita esperar ni un día para empezar. El camino comienza en el momento mismo que se entra al negocio.

El Plan de Educación garantiza que el nuevo Auspiciado se sienta tranquilo ingresando a una organización profesional marcada por la excelencia y la sencillez, donde todo es duplicable.

Tome el tiempo que tome, perfecciona y simplifica el Plan de Educación. En ese plan radica la capacidad de expandir el negocio.

Habilidad № 8: *Educar toda la Línea de Auspiciados en las Habilidades Fundamentales del negocio.*

Comunicando el mensaje

La comunicación permanente con tu Lista de Contactos construye la credibilidad en el negocio. Para comunicarte con la Lista de Contactos existen medios tradicionales disponibles como llamadas telefónicas, folletos promocionales y cartas. También existen los medios digitales como el correo electrónico, las redes sociales y el Fax.

En la sección a continuación, planteo un modelo de comunicación sustentado en medios digitales dado que son económicos y veloces. Para este modelo tenemos en cuenta el Mensaje y el Receptor del mismo.

Calendario de comunicaciones del año

En este calendario planea las comunicaciones que se enviarán cada semana (si es el caso) teniendo en cuenta las festividades: Día del Padre, Día de la Madre, Día de los Enamorados, celebraciones patrias, celebraciones religiosas, Día Internacional de la Mujer, Día Internacional de la Tierra, etc.

Aprovecha cada uno de estos días para enviar un mensaje neutral relacionado con cada fecha. Si existe la oportunidad de promover algún producto o servicio relacionado con la fecha, puedes aprovechar para promoverlo.

Si en tu Lista de Contactos tienes claro quiénes son Madres, Padres, o personas nacidas en un país en particular, entonces segmenta el mensaje. Envía comunicado solo a las Madres en el día de las Madres, solo a los mexicanos en el día de la independencia de México, y así sucesivamente.

Calendario de eventos relacionados con el negocio

Mezcla el calendario anterior con eventos relacionados con el negocio y segmenta el mensaje solo a Prospectos, Candidatos, Auspiciados, Profesionales y Líderes.

También incluye en este envío a personas de la prensa, líderes comunitarios y personas con capacidad de replicar el mensaje, cuando el evento así lo amerite.

CALENDARIO DE PROMOCIONES

Mezcla los dos calendarios anteriores con las promociones y anuncios del negocio mismo. Así mantendrás informada a tu Lista de Contactos de oportunidades específicas para adquirir productos o servicios.

ENVIANDO EL MENSAJE

Hay dos formas comúnmente usadas para entregar cada envío de forma digital: El Correo Electrónico y Facebook.

Verifica que el sistema de Administración de la Lista de Contactos tenga capacidad para envío de correos electrónicos masivos y de publicar información en Facebook. Cada envío debe ir coordinado en los dos sistemas para que sea coherente y produzca credibilidad.

En este punto el tema de la duplicación se vuelve delicado dado el alto porcentaje de personas que no manejan la tecnología adecuadamente. Lo cierto es que el mundo ha cambiado hacia los medios digitales y con cada día el cambio se acelera. Es mala idea invertir tu dinero de hoy en tecnologías de ayer esperando tener un buen mañana. Es mejor enfrentar el cambio a punta de educación, tome el tiempo que tome.

Para incentivar el factor de la duplicación, recomiendo que toda la Línea de Auspicio se adhiera al Calendario de Envíos y compartan el mismo mensaje. Eso haría todo sencillo y duplicable.

Mantener una comunicación permanente con la Lista de Contactos aumenta la generación de Prospectos, de Clientes y de Referidos. Esta comunicación genera credibilidad en el negocio y construye una organización sólida y eficiente.

Habilidad № 9: Mantener una comunicación permanente con la Lista de Contactos.

ES MALA IDEA INVERTIR TU DINERO DE HOY
EN TECNOLOGÍAS
DE AYER ESPERANDO TENER UN
BUEN MAÑANA.

Conclusión

Los Profesionales en Mercadeo de Redes no van a la Universidad a aprender su oficio, lo aprenden por sí mismos. Ese proceso educativo, enfocado en las áreas fundamentales del negocio, acelera el proceso de madurez del negocio.

La educación es el antídoto para los dolores naturales a los que les expone este negocio y que planteamos en el capítulo 2. Debidamente educados, los Profesionales en Redes de Mercadeo avanzan por su tránsito inicial en el negocio con decisión y ánimo.

Para ampliar el negocio, se requiere educar también la Línea de Auspiciados. En este capítulo planteamos los aspectos de un Plan de Educación duplicable que fortalezca a toda la red. Este Plan de Educación es la piedra angular de un proceso de expansión sostenido, donde solo el cielo es el límite.

Cuando este Plan de Educación se pone en práctica, se

amplía la canasta porque podemos ver el futuro con fe y entusiasmo.

Habilidad № 10: Refinar las nueve Habilidades anteriores, haciéndolas sencillas y duplicables.

Visita nuestro sitio web para que tengas acceso a material de entrenamiento en las diez Habilidades establecidas en este capítulo. Con el paso del tiempo iremos ampliando este material de entrenamiento.

LA CANASTA DEL PESCADOR

98

Capítulo 7

ᘓ

Los pecados capitales del negocio

«Señor, concédenos serenidad para aceptar las cosas que no podemos cambiar, valor para cambiar las que sí podemos, y sabiduría para entender la diferencia.»

Tomado del Libro Azul de Alcohólicos Anónimos

El objetivo de este capítulo es advertir al lector sobre las actitudes negativas que pueden descarrilar todo lo aprendido en los capítulos anteriores.

Aunque te eduques adecuadamente y te programes positivamente para el éxito, hay actitudes que erosionan tu entusiasmo y que necesitas evitar. Estas emociones encogen el tamaño de tu canasta. Las he llamado los pecados capitales del negocio y voy a relacionarlas a continuación.

Quejarse

Las quejas acerca del negocio, de la Línea de Auspicio, de los productos, de los servicios, de la compañía, de los Auspiciados, son inevitables. Estas quejas hacen parte del ecosistema normal del negocio.

La queja dañina es aquella en la que aparecemos como víctimas de las circunstancias, impotentes ante el presente. Esa queja afecta tu entusiasmo y reduce tu capacidad de acción.

Quéjate si quieres, pero acompaña la queja de una acción dirigida a resolver la situación. Si tu Línea de Auspicio no levanta el teléfono, entonces busca la respuesta en internet, llama al teléfono de la compañía, busca en los catálogos o vuelve a llamar. Las quejas sin una acción inmediata para resolverlas son un pecado del negocio.

En caso tal que tu queja no tenga una solución a través de acciones bajo tu control, entonces enfócate en lo que sí puedes hacer, porque lo demás, necesitarás aceptarlo como es.

Culpar a otros

El único responsable del éxito o fracaso en el negocio eres tú mismo.

Si no te va bien, es también gracias a tus acciones o a la falta de ellas. Cuando te encuentres en ese momento en que andas buscando culpables a la falta de resultados de tu propio negocio, recuerda que esa es la señal para buscar educación y consejo. El día que señalas a tu Línea de Auspicio de tus resultados, automáticamente sal a buscar información, sabiduría, entrenamiento; algo necesitas aprender y lo que sea que aprendas te ayudará para siempre.

A la persona que te trajo al negocio no puedes usarla como bastón todo el tiempo. Ellos con la mejor intención te van a ayudar, pero tienen un límite. Te recomiendo que les des las gracias por traerte al negocio, agradezcas cada guía que te dan, pero aprende a vivir sin ellos. Tu Línea de Auspicio son tus maestros, pero este espectáculo lo corres tú. Esta es tu competencia, no la de ellos.

Autojustificarse

Puedes encontrar razones válidas para explicar que las cosas no han salido como esperabas y estarás en lo correcto. Esas razones con certeza que tienen validez y fundamento. Al tener claras las razones, también tienes claridad en los remedios para resolverlas y seguir adelante.

Cuando te autojustificas para aceptar que no puedes hacer algo, es cuando pierdes tu poder interior. Esa clase de justificación es un pecado en este negocio. Siempre hay una salida para moverte al siguiente nivel; hay que buscarla con pasión, con intensidad, con paciencia. Nunca rendirse.

La impaciencia

En promedio toma siete años triunfar en esta profesión. Eso es muy rápido comparado con otras profesiones. A los médicos desde que empiezan a estudiar hasta que logran el éxito les pueden tomar 20 años. A los abogados entre la universidad, las prácticas, los trabajos iniciales y la práctica profesional les puede tomar 15 años. Y si sigues comparando veras que siete años no es nada.

Por falta de educación y por alojar expectativas falsas, muchas personas esperan alcanzar el éxito en tres meses o si no, se retiran de la profesión.

Perder la paciencia antes de los primeros siete años es un pecado en esta profesión. Van a haber momentos de expansión acelerada y momentos estáticos; días de gloria y días de angustia. Pero son siete años en promedio antes de que puedas llegar a un punto de no retorno.

Sé paciente, prepárate para la jornada y construye el negocio paso a paso. Educándote correctamente puedes alcanzar el punto de madurez antes que el promedio.

Dejarte influenciar por la sociedad

Cuando ingreses a esta profesión, debes estar preparado para perder algo de imagen personal frente a la sociedad por un rato. Debes saber que es parte del precio inicial a pagar para lograr tu éxito.

Cuando un médico empieza a estudiar, sabe que sacrifica diversión, placeres, familia, vacaciones.

Parte del precio que se paga en esta profesión al inicio es imagen personal. Luego cuando tengas éxito estarás inundado en aplausos, abrazos, expresiones de cariño y elogios; te sobrará imagen personal y compañía.

Es un pecado capital dejarte llevar al inicio del negocio por la influencia negativa de las personas a tu alrededor.

Conclusión
Cada vez que sientas cualquiera de estas emociones negativas, interprétalas como un llamado para educarte, para buscar consejo, para aprender algo nuevo.

Aléjate de ellas automáticamente porque sus voces solo disminuyen el tamaño de tu canasta y te alejan de una maravillosa oportunidad de transformar tu vida para bien.

COMENTARIOS FINALES

Nueve de cada diez Profesionales en el Mercadeo de Redes se retiran antes de los primeros siete años en su profesión. Las estadísticas indican que toma siete años en este negocio llegar a un punto de madurez y alcanzar el éxito.

Las personas se retiran antes del punto de madurez gracias a falsas expectativas, a la ausencia de planeación financiera para manejar la inversión requerida, a los dolores emocionales naturales del negocio.

Para poder transitar por este camino que conduce a una vida placentera y gratificante, se requiere de una alta dosis de motivación, un constante entrenamiento y la capacidad de disfrutar el proceso.

En este libro hemos planteado una serie de argumentos para que tu mente vea claramente la oportunidad de cambiar el paradigma de ingresos de tu vida, por uno nuevo donde cada mañana te levantas a materializar tus sueños en el mundo presente. Un mundo nuevo donde la sonrisa, el amor, el tiempo y el dinero, son abundantes.

El primer minuto en este negocio es tal vez el más importante. Entra a esta profesión con la determinación de ser el mejor, el número uno, de crear la Red de Mercadeo más grande de tu empresa, de ser excelente. Con esa actitud tendrás la energía necesaria para mantenerte en el inicio del negocio cuando todo requiere paciencia y esfuerzo.

Tu Línea de Auspicio son tus maestros, mas no tu bastón. Asume el 100% de la responsabilidad del éxito de tu negocio; sé 100% honesto contigo mismo y da el 100% cada día para construir tus sueños.

La educación es el secreto para solventar los dolores emocionales naturales del negocio y avanzar en el camino. Aprende, aprende, aprende y cuando no puedas más entonces pregunta, pregunta, pregunta.

En esta profesión tú no eres el éxito sino tu capacidad de hacer que otros tengan éxito. Cada acción que tomes en esta profesión requiere que te hagas la pregunta más importante del negocio, el secreto mejor guardado: «¿Es esta acción duplicable?» Si la respuesta es NO, deséchala.

Espero que siete años después de haber leído este libro, cuando los aplausos inunden tus oídos, cuando los abrazos eleven tu espíritu, cuando la sonrisa de tu familia ilumine tus ojos, cuando estés mirando al infinito dando gracias a Dios por las bendiciones que este negocio te ha dado, entonces te acuerdes de La Canasta del Pescador y le refieras la historia a la primera persona que veas.